LES ÉLECTIONS DU TIERS-ÉTAT

DANS LA

SÉNÉCHAUSSÉE DE CHATEAU-GONTIER

(1789)

PAR L'ABBÉ F. UZUREAU

Directeur de l'*Anjou historique.*

(EXTRAIT DE *La Province du Maine*).

LAVAL

IMPRIMERIE-LIBRAIRIE Vᵉ A. GOUPIL

1903

LES ÉLECTIONS DU TIERS-ÉTAT

DANS LA

SÉNÉCHAUSSÉE DE CHATEAU-GONTIER

(1789)

Par l'Abbé F. UZUREAU

Directeur de l'*Anjou historique*.

(Extrait de *La Province du Maine*).

LAVAL

IMPRIMERIE-LIBRAIRIE Vᵉ A. GOUPIL

—

1903

LA SÉNÉCHAUSSÉE DE CHATEAU-GONTIER

et les Élections du Tiers-État (1789).

C'est le 24 janvier 1789 que parut la lettre de Louis XVI pour la convocation des états généraux. Le roi y avait joint un règlement qui entrait dans tous les détails des élections pour les trois ordres.

Par suite de la vacance des charges de grand sénéchal d'épée de la province d'Anjou et de lieutenant général de la sénéchaussée principale, le soin de faire publier en Anjou la lettre et le règlement de Sa Majesté incombait au lieutenant particulier de la sénéchaussée d'Angers (1). Le 14 février, Marie-Joseph Milscent enjoignit au procureur du roi de publier la lettre et le règlement du roi, en même temps que son ordonnance en date de ce jour, dans les villes, bourgs, villages et communautés du ressort de la sénéchaussée. Le procureur devait transmettre les trois pièces au lieutenant général de la sénéchaussée de Château-Gontier ainsi qu'à l'officier principal des autres sénéchaussées.

Le 21 février, Jacob-Nicolas-François-Matthieu Guitau, écuyer, seigneur de Bannes, Leffrières et Cossé, conseiller du roi et son lieutenant général en la sénéchaussée d'Anjou et siège présidial de Château-Gontier, chargeait le procureur du roi de répandre dans tout le ressort les instructions reçues (2).

(1) La sénéchaussée d'Angers était appelée « sénéchaussée principale d'Anjou », et celles de Baugé, Beaufort, La Flèche et Château-Gontier « sénéchaussées secondaires. » La sénéchaussée de Saumur avait obtenu une représentation distincte.

(2) Le 18 février, Guitau mandait à Barentin : « Il n'y a point d'impri-
« meur à Château-Gontier, pas plus qu'à Baugé et à Beaufort. Il faut que je

Voici les dispositions concernant le Tiers-Etat, le seul ordre dont nous ayons à nous occuper.

Les maires, capitouls, échevins, jurats, consuls et autres officiers municipaux des villes, bourgs, villages et communautés, devaient être sommés par un huissier royal de faire lire et publier au prône de la messe paroissiale et aussi à la porte de l'église après la messe, la lettre du roi, le règlement y annexé et l'ordonnance (1). Au plus tard huit jours après ces publications, tous les habitants du Tiers, âgés de vingt-cinq ans et compris aux rôles des impositions, étaient tenus de s'assembler au lieu indiqué par les officiers municipaux. Là ils procéderaient d'abord à la rédaction du cahier de plaintes, doléances et remontrances qu'ils entendaient faire au roi, puis ils éliraient à haute voix, parmi les plus notables, un député par cent feux ; ces derniers seraient chargés de porter le cahier de plaintes et de doléances à une assemblée préliminaire, fixée au 6 mars, dans la ville de Château-Gontier.

En conséquence, par ordre du procureur du roi, Louis Cicé, huissier-audiencier au siège de l'élection, Jacques Bellanger (2), huissier-audiencier au siège du grenier à sel, Hyacinthe Valleray, huissier au siège présidial, Muray et Dubois, archers gardes de la connétablie et maréchaussée de France, signifièrent leurs exploits à qui de droit dans les journées des 25, 26, 27 et 28 février. Toutes les paroisses de la sénéchaussée firent leur réunion le dimanche 1er mars, et le 6, les députés, munis des cahiers et des procès-verbaux constatant leurs pouvoirs, se présentèrent à l'assemblée tenue en l'auditoire du palais royal de Château-Gontier.

La réunion fut présidée par le lieutenant général, en présence du procureur du roi, et assisté du greffier Pierre Martin. Voici les noms de tous les députés qui formaient l'assemblée :

« fasse imprimer mes ordonnances à Angers, d'où un retard. Néanmoins, « j'activerai de mon mieux les convocations, etc. » — *Arch. Nat.*, B III, 7.

(1) Cette publication devait être faite le dimanche qui suivrait la notification.

(2) Bellanger informa le lieutenant général que Brissarthe, Chemiré, Sœurdres et Champteussé avaient refusé de recevoir les lettres et règlement du lieutenant général de Château-Gontier, disant qu'ils en avaient déjà reçu du lieutenant particulier d'Angers, « quoique ressortissantes de la sénéchaussée de Château-Gontier en tout ou partie. » — On convoqua les paroisses suivantes, mais elles n'envoyèrent aucun député à Château-Gontier : **Avessé, Le Bouère, Chevillé, Entrammes, Parné et Poillé.**

Ampoigné et Chéripeaux : Mathurin Bourdais, marchand fermier.

Argenton : Mathurin Guiter, Jean Laumonnier, marchands fermiers.

Aviré : René Vannier, Jean Hamon, marchands fermiers.

Azé : René Chantelou, Élie Herrouet, marchands fermiers.

Bazouges-lès-Château-Gontier : Claude Pitault, bourgeois ; Hyacinthe Viot, syndic : Pierre Bouvier, marchand fermier ; Pierre Taranne, marchand fermier.

Bierné : Jean-Baptiste Bachellier, bourgeois ; Étienne Lecomte, notaire royal.

Boissière (la) : François Houdemon, François Lemée, marchands fermiers.

Bouillé-Ménard : Étienne Cholet, Pierre Turpin, marchands fermiers.

Chantenay : Paul Chevallier, marchand fermier ; René Peltier, marchand tanneur ; François Hardiau, bourgeois.

Château-Gontier (Saint-Jean) (1) : Louis Allard, docteur en médecine ; Pierre-Jean Sourdille de la Vallette, avocat du roi au siège présidial de Château-Gontier ; François-René Bescher, avocat au présidial, procureur du roi au siège du grenier à sel de Château-Gontier (2) ; Vincent Thoré.

Château-Gontier (Saint-Remy) : Jacques Rabeau, marchand meunier ; Étienne Boutte, marchand aubergiste.

Châtelain : Jacques Letessier, négociant ; Pierre Gehere, marchand.

(1) Le 2 mars, les officiers de l'élection rédigèrent le *cahier de doléances* de leur compagnie et l'envoyèrent directement à Barentin le 9 mars. Il existe aux Archives Nationales, B III, 7.

(2) Bescher avait écrit au garde des sceaux le 14 février pour que la sénéchaussée de Château-Gontier ait le droit d'élire un membre du clergé, un membre de la noblesse et deux membres du tiers. « Ordonnez tout au moins « que dans chaque province on prenne des députés du tiers dans tous les « bailliages. » — Le 21 février, par une nouvelle lettre, Bescher demande un député du tiers pour la sénéchaussée de Château-Gontier, un pour Baugé, un pour Beaufort, un pour la Flèche et quatre pour Angers. — Barentin lui répondit que cela ne se pouvait décréter (*Arch. Nat.*, B III, 7).

Châtelais : Antoine Morillon, marchand meunier ; René Aubert, tanneur ; Jean Chevallier, bourgeois.

Chemazé, Bourg-Philippe et Mollières : Jean Desnoes, François Ledroit, Jean-Jacques Thoreau, Julien Chevrollier, marchands fermiers.

Coudray : Pierre Paillard, marchand ; Julien Renaud, marchand fermier.

Daon : Joseph-Just Joly, notaire royal ; François Faribault, maréchal.

Ferrière (la) : Pierre Hamon, marchand fermier.

Fontenay : Simon Brossard, Joseph Teillay, marchands fermiers.

Fromentières : Urbain Lemotheux, Yves Acarie, marchands fermiers.

Gennes et Saint-Aignan : François Theuiller, menuisier ; René Ollivier, marchand ; Pierre Journeil, marchand fermier.

Grez-en-Bouère : Jean Bot, René-Charles Didier, sieur de la Bachelottière, marchands fermiers.

Hôtellerie-de-Flée : Charles Hamon, Jean-Toussaint Binet, marchands fermiers.

Jaille-Yvon (la) : Pierre Ledroit, Pierre Lochard, marchands fermiers.

Juigné-sur-Sarthe : Pierre Trotay des Morelles, capitaine d'infanterie ; Pierre Gruau, marchand fermier.

Loigné : René Grandval, Tassoreau, marchands fermiers.

Longuefuye : Jacques Marchant, Étienne Guérin, marchands fermiers.

Louvaines : Pierre Cartier, marchand fermier ; François Ferron, marchand fermier ; Michel Roussier, négociant.

Marigné-près-Daon : René Bouvier, marchand fermier ; Jean Hassard, marchand ; Louis Rabeau, marchand fermier.

Marigné-Peuton : André Jarry, bourgeois ; Jean Gourdon, marchand fermier.

Mée : François Ribault, marchand fermier.

Miré : René Poirier, maître ès arts et en chirurgie ; Jacques Bourdillon, marchand fermier.

Montguillon : Guy Chopin, René Hiret, marchands fermiers.

Peuton : Nicolas Fléchais, Joseph Guidault, marchands fermiers.

Quelaines : Mathurin-Jean Mottier, notaire royal ; Pierre Boisgontier fils, bourgeois ; Louis Fouassier, marchand fermier ; Pierre Moreul, marchand fermier.

Ruillé et Froidfont : Julien-René Delaune, Laurent Godivier, François Baudouin, marchands fermiers.

Saint-Aubin-du-Pavoil : Julien Dugré, Louis David, marchands meuniers (1).

Saint-Denis-d'Anjou : Jean Geré, avocat ; Jean-Jacques Pioger, notaire royal ; Louis Raffray, marchand ; Vincent Lemotheux, marchand fermier ; René-Pierre Beaudreau, notaire royal.

Saint-Gault et Les Cherres : Jean Moreul, Jacques Gastineau, marchands fermiers.

Saint-Laurent-des-Mortiers : Pierre Gaultier, sergent ; Pierre Lorilleux, marchand fermier.

Saint-Martin-de-Villenglose : Étienne Butier, René Guiter, marchands fermiers.

Saint-Quentin-en-Craonnais : Gilles Picquet, Louis Leroi, marchands fermiers.

Saint-Sauveur de Flée : Pierre Parage, René Bource, marchands fermiers.

(1) Esnault de la Gaulerie, domicilié à Saint-Aubin-du-Pavoil, écrivait à Barentin, le 20 mars : « Mes co-paroissiens m'ont requis de rédiger leur « cahier de doléances, et l'ai fait court, précis, en objets raisonnables, et « leur en ai donné lecture, à notre assemblée de paroisse, où unanimement il « a été approuvé, mêmement plusieurs paroisses circonvoisines l'ont copié « dans ses doléances et pétitions générales. » N'ayant pu se faire élire député aux États Généraux, il demande à être nommé directement par le Roi en sus des huit députés élus par le tiers état d'Anjou ! — *Arch. Nat.*, B III, 7.

Saint-Sulpice : Pierre Hardouin, Sulpice Chevreuil, laboureurs.

Segré (la Madeleine) : René Chauvin, huissier ; Pierre Lesné, maître pharmacien.

Après la vérification des .pouvoirs, le président met à l'ordre du jour la réunion de tous les cahiers en un seul. D'un commun accord, on décide de confier cette rédaction à une commission de sept membres, les sieurs Sourdille de la Valette, Allard, Thoré, Roussier, Thoreau de Levaré, Letessier et Bescher. L'assemblée s'ajourne ensuite au 12 mars.

Au jour convenu, les députés reviennent à Château-Gontier (1) et les commissaires remettent le cahier de la sénéchaussée, qui est approuvé par l'assemblée.

Le cahier des communes de la sénéchaussée de Château-Gontier, resté jusqu'ici inédit et inconnu, est conservé aux archives de Maine-et-Loire. Nous sommes heureux de le publier *in extenso* (2).

*
* *

Nous, représentants, travaillant dans l'assemblée générale, sous les yeux d'un Roi, père de son peuple, et d'un ministre ami des hommes, nous ne pouvons qu'attendre le plus heureux succès de leurs opérations. Notre espoir ne sera point trompé. Les trois ordres se réuniront ; chacun oubliera ses prétentions particulières pour ne s'occuper que du bien général, et de cet accord unanime naîtra la prospérité du royaume et le bonheur de chacun des sujets de la France. Le vœu d'Henri IV sera accompli sous Louis XVI.

Pénétrés du plus pur patriotisme et disposés à faire tous les sacrifices pour rétablir l'ordre dans les finances et rendre à l'État son lustre et sa splendeur, nous joignons nos plaintes, doléances et réclamations à celles de toutes les communes du

(1) Il y a seize absents à cette seconde séance : Ledrois, Ribault, Houdemon, Laisné, Gehere, Guiter, Pioger, Joly, Teillay, Trotay, Chevallier, Peltier, Hardiau, Mottier, Boisgontier, Brossard.

(2) Tous les membres signèrent le cahier, sauf dix qui déclarèrent ne savoir signer. — *Archives de Maine-et-Loire*, série B.

royaume. En conséquence, *nos députés seront chargés de demander* :

Une constitution stable posée sur des principes invariables, par laquelle on établisse que tout pouvoir législatif gît dans la nation présidée par le Roi, et qu'au Roi seul appartient le pouvoir exécutif. En conséquence, nulle loi ne peut avoir d'exécution si elle n'a été consentie par la nation et autorisée par le Roi.

Que les impositions étant prises sur les propriétés qui doivent être sacrées, il n'en pourra être levé aucune si préalablement elle n'a été consentie par les États-Généraux, qui ne pourront en accorder pour un temps illimité, et sa durée ne pourra excéder l'époque d'une de leurs tenues à l'autre.

La périodicité des États Généraux de cinq ans en cinq ans. Que leur première réunion soit cependant fixée à deux ans à partir du jour de la dissolution de ceux-ci, à raison de la difficulté d'effectuer dans un si court espace les réformes dont est susceptible notre administration. Les députés des provinces seront toujours censés en action ; ainsi ils seront convoqués de droit dans les occasions urgentes.

La délibération par tête et non par ordre, comme la seule de laquelle il puisse résulter quelque avantage pour la nation.

La comptabilité des ministres devant les États Généraux, qui pourront, en cas de malversation, les traduire devant les tribunaux pour être ou absous ou condamnés.

Une connaissance complète, étayée de pièces justificatives, du déficit, que son immensité nous fonde à croire exagéré. Sans elle on ne pourrait rien faire de sûr, et pour le remplir il faut le connaître. — Un examen de la nature de la dette de la nation et des emprunts qui l'ont causée, la réduction de ceux qui sont usuraires ; il est juste que l'excédent des intérêts serve à l'amortissement du capital. Tous les emprunts seront à jamais prohibés : un impôt momentané serait moins désastreux.

Que les dépenses de tous les départements soient mises au jour. Les réformes dont ils sont susceptibles, remplaceront une partie des impositions de l'assiette desquelles on devra s'occuper. Le Roi et la Reine ont donné l'exemple de ces réformes dans leurs maisons. On pourra donc en indiquer dans celles des princes du sang, surtout dans les pensions, et une révision dans les gratifications qui en tiendraient lieu.

Des États particuliers pour l'Anjou, distincts et séparés de ceux du Maine et de la Touraine, formés selon le vœu manifesté par toute la province, c'est-à-dire à l'instar de ceux du Dauphiné, sauf les restrictions que les différences des lieux rendent nécessaires. Ils se tiendront alternativement dans chacune de ses principales villes.

Tous ces objets doivent être statués et accordés avant qu'il soit procédé à la concession d'aucun impôt ou subside.

Alors *nos représentants demanderont :*

L'abolition de tous les privilèges pécuniaires, une égale contribution de tous les ordres aux charges de l'État, en raison de leurs propriétés.

L'abolition de tous les impôts contraires à cette égalité, ce qui entraîne celle de tous droits d'aide, droits réservés et autres de quelque nature qu'ils soient et sur quelque objet qu'ils portent.

La suppression totale de la gabelle, impôt odieux dont tout Français voudrait oublier le nom et qui coûte à la nation plus du double de ce qu'il rapporte au Roi.

La liberté de la culture et du commerce du tabac.

La suppression des droits de traite et péage dans l'intérieur du royaume, et le reculement des barrières sur les frontières et limites.

La suppression du droit de franc fief. Il n'en est point qui s'oppose davantage à l'égalité de la contribution, et on ne doit plus distinguer de biens nobles et de biens censifs : toute succession noble ou roturière sera donc partagée entre roturiers par égale portion.

Un tarif fixe, publié, affiché et connu de tout le monde, pour que le droit de contrôle, dont le poids ne se fait sentir que jusqu'à 10.000 livres, soit modéré et tombe également sur toutes sommes supérieures. Il est nécessaire de mettre une digue aux prétentions des traitants ; ils les étendent jusque sur les réceptions annuelles des syndics et adjoints de chaque communauté, sur les comptes annuels rendus devant le procureur du Roi et sur le papier des registres de chacune d'elles qu'ils exigent être timbrés. Les contrôles des ventes de meubles doit être fixé à un prix modique et uniforme, parce que chaque propriétaire doit avoir la libre disposition de ce qui lui appartient. Les jurés priseurs doivent être supprimés ; ils sont à charge à la société, sans pouvoir lui rendre aucun service.

Que nul, dans aucun cas, ne puisse réunir les deux fonctions de contrôleur et de notaire.

Vu les abus qui ont eu lieu lors de la dernière refonte des monnaies, qu'il ne puisse en être fait une nouvelle sans le consentement des États Généraux.

Que tous les impôts actuels, étant supprimés selon le vœu général de la nation, soient convertis en un impôt territorial payé en argent, auquel seront assujettis les châteaux, maisons de plaisance, toutes les dépendances qui ne servent qu'à leur décoration, et les maisons de ville sur le pied de leurs locations ; les maisons de colons seront exemptes comme étant déjà comprises dans l'estimation des terres.

Toutes les corvées seront à la charge des trois ordres ainsi que les logements des gens de guerre, dont on pourra se libérer en payant la somme fixée par la municipalité.

La somme totale des impositions sera répartie sur toutes les provinces en raison de ce que chacune doit en supporter.

Chaque État particulier sera chargé de la répartition de l'impôt et de la perception de ses deniers, qu'il versera directement dans le trésor de la nation par les mains d'un receveur général élu par la province, fors les sommes qui devront être employées sur les lieux et pour lesquelles il y aura une caisse particulière.

Nos députés seront chargés d'aviser au moyen de faire contribuer les capitalistes.

Ils demanderont qu'il soit nommé des commissaires pour la rédaction d'un code civil, criminel et militaire.

L'établissement d'une cour supérieure dans chaque province, qui juge en dernier ressort toutes les affaires tant civiles que criminelles et qui soit composée des trois ordres.

Que pour rendre à la magistrature le lustre qu'elle a perdu et qui devrait toujours entourer la première des professions, on supprime les juridictions seigneuriales, on augmente le ressort des présidiaux qui ne sera plus formé par fiefs mais par arrondissement de paroisses entières, et que nul ne puisse remplir les fonctions importantes de juge s'il n'a pas exercé pendant six ans celles non moins intéressantes d'avocat. Un moyen non moins puissant est une réforme dans les collèges et une refonte totale dans les Universités, qui dans le régime actuel sont absolument inutiles à l'instruction. Il faut aussi que la vénalité des charges de magistrature soit supprimée à la mort ou démission de chaque titulaire.

Que la liberté des citoyens soit généralement reconnue, et en conséquence les lettres de cachet à jamais abolies.

L'abolition de tous les tribunaux d'exception, celles de leurs fonctions qui subsisteront dans le nouveau régime pouvant être annexées à celles des juges ordinaires.

La suppression des intendants ou commissaires départis. Des décisions d'une grande importance ne doivent pas être remises à l'arbitraire d'un seul homme.

La liberté de la presse, avec obligation à l'auteur et à l'imprimeur de mettre leur nom à la tête de leur ouvrage.

Une grande réforme dans la féodalité : l'abolition du droit exclusif de la chasse avec quelques restrictions nécessaires : il est contre le droit naturel que le propriétaire ne puisse tuer le gibier que son champ a nourri, tandis qu'il sera dévasté par le seigneur de fief, son équipage et sa suite ; les ravages causés par les différentes espèces de bêtes fauves sont inconcevables. La destruction de toute garenne, buisson à conils et colombier, la suppression de toute banalité de fours, moulins, pressoirs, etc.

Qu'il ne soit plus perçu de ventes pour les échanges purs et simples ; que les lods et ventes soient fixés au douzième du prix du contrat, et qu'il n'y ait plus lieu au retrait féodal.

Que l'amortissement de tous cens, rentes et devoirs, soit fonciers, soit féodaux ou ecclésiastiques, soit permis au denier de la loi.

Lorsque le triage d'une commune sera demandé par le plus grand nombre des intéressés, que le seigneur du fief soit obligé de s'y prêter.

Que les propriétaires de grandes terres soient obligés de s'occuper de faire défricher les terrains incultes par préférence aux bois, et d'en ensemencer une certaine quantité à raison de la rareté et de la cherté de cette denrée.

Une grande augmentation dans la maréchaussée, dont au moins les deux tiers à pied ; dans sa forme actuelle elle est insuffisante, et il serait avantageux qu'il y eût des cavaliers répandus dans les principaux bourgs. — Un sort aux geôliers assez considérable pour les mettre en état de vivre sans rançonner les malheureux confiés à leur garde.

L'abolition du tirage de la milice, enrôlement forcé qui enlève des bras utiles aux campagnes, est contraire à la liberté française et est dégénéré en une espèce de loterie ruineuse pour ceux qui y sont sujets.

La suppression de tous ordres religieux, congrégations et chapitres, inutiles et dont les revenus considérables absorbent une partie des ressources de la société. Ils pourraient être employés à former des établissements propres à extirper la mendicité et à établir un hôpital d'enfants trouvés dans chaque province. Les quêtes, de quelque espèce qu'elles soient et par quelques personnes qu'elles soient faites, doivent être strictement défendues, surtout dans les campagnes.

Une suppression totale de toutes les dîmes qui ne doivent plus être enlevées par de gros bénéficiers, dont le domicile est souvent très éloigné et qui devraient résider dans le lieu où leur bénéfice est situé. Les habitants et propriétaires de chaque paroisse pourraient être chargés de faire à leurs curés et à leurs vicaires un revenu annuel proportionné à leurs travaux et au moyen duquel ils rempliraient gratis les fonctions de leur ministère.

L'abolition du concordat et l'exécution de la pragmatique sanction, à raison des sommes immenses qui sortent tous les ans du royaume.

Qu'on donne à l'agriculture et au commerce les encouragements dont ces deux parties sont susceptibles.

Que les inspections des manufactures et des marchandises soient accordées à des négociants exclusivement.

Qu'il soit avisé au moyen de mettre le commerce de la France en équilibre avec celui de l'Angleterre. Pour donner la confiance si nécessaire au commerce, les lois qui prononcent la punition des banqueroutiers frauduleux doivent être remises en vigueur.

Qu'il soit permis de prêter son argent à intérêt pour un temps limité.

Que les veuves jouissent des maîtrises de leurs maris et que les agrégés puissent se faire recevoir en payant seulement le quart du prix fixé par la loi.

Que les officiers municipaux soient élus par leurs villes pour un temps limité.

Que l'on voie disparaître cette distinction de peines, humiliante pour le tiers état, et que les mêmes crimes soient punis dans tous les ordres par les mêmes supplices.

Que le mérite, dans quelque ordre qu'il se trouve, puisse faire parvenir aux places ecclésiastiques, aux grades militaires et aux charges de magistrature.

Nos députés seront enfin chargés de dénoncer aux États

Généraux la prétention aussi neuve qu'injuste de quelques hauts justiciers de la province sur les arbres plantés par les riverains dans les chemins, sur les haies et fossés.

Ils demanderont, en outre, que le procès-verbal de toutes les délibérations des États Généraux soit déposé dans tous les greffes royaux pour servir de règle à la Constitution.

*
* *

Restait à élire les députés qui devaient représenter la sénéchaussée de Château-Gontier à l'Assemblée générale d'Angers. Après la prestation de serment, on fit les nominations suivantes, au nombre de vingt-sept :

Pierre-Jean Sourdille de la Valette, avocat du roi au présidial de Château-Gontier (1).

Michel Roussier, négociant, à Louvaines.

Jean Hamon, bourgeois, à Aviré.

Pierre Parage, marchand fermier, à Saint-Sauveur-de-Flée.

Jean-Toussaint Binet, bourgeois, à l'Hôtellerie-de-Flée.

Jean-Jacques Thoreau de Levaray, marchand fermier, à Chemazé.

Urbain Lemotheux de la Brardière, marchand fermier, à Fromentières.

Pierre Grueau, marchand fermier, à Juigné-sur-Sarthe.

Pierre Journeil, marchand fermier, à Gennes.

Jean-François Le Bot, marchand fermier, à Grez-en-Bouère.

Jean-Baptiste Bachellier, bourgeois, à Bierné.

Jacques Bordillon, marchand fermier, à Miré.

Jacques Letessier, négociant, à Châtelais.

---

(1) Le 9 mars 1789, les officiers de l'élection de Château-Gontier (Duplessis, président, Piet, Fugat, Malecot, Gauthier, Lemasson de la Jaillerye) écrivirent au garde des sceaux que Sourdille de la Valette avait porté le trouble en deux assemblées générales des habitants convoquées par les officiers municipaux. C'est un vilain drôle, etc. Nous avons écrit à l'intendant de Tours pour qu'il ordonne à Sourdille de nous faire des excuses publiques, en raison des injures qu'il nous a lancées à la tête, etc.— *Arch. Nat.*, B III, 7.

Vincent Thoré, marchand, à Château-Gontier.

Jean Geré, avocat, à Saint-Denis-d'Anjou.

Louis Rabeau, marchand fermier, à Marigné-près-Daon.

Vincent Lemotheux, marchand fermier, à Saint-Denis-d'Anjou.

Jean Gourdon, marchand fermier, à Marigné-Peuton.

Louis Allard, docteur en médecine, à Château-Gontier.

René Granval, marchand fermier, à Loigné.

François-René Bescher, avocat au présidial de Château-Gontier.

Claude Pitault, bourgeois, à Bazouges.

René Chanteloup, marchand fermier, à Azé.

René Chauvin, huissier, à la Madeleine de Segré.

René Didier de la Bachelottière, marchand fermier, à Grez-en-Bouère.

Étienne Bouet, hôte, à Château-Gontier.

Charles Hamon, marchand fermier, à l'Hôtellerie-de-Flée (1).

Ces vingt-sept députés-électeurs partirent peu après pour Angers, apportant le cahier de leur sénéchaussée qu'on a lu plus haut, et munis du procès-verbal constatant leurs nominations. L'assemblée générale des trois ordres des sénéchaussées d'Angers, Baugé, Beaufort, Château-Gontier et la Flèche, s'ouvrit le 16 mars, dans l'église cathédrale, sous la présidence du grand sénéchal d'épée, le comte de la Galissonnière ; après la messe du Saint-Esprit, on procéda à la vérification des pouvoirs qui dura deux jours. Le 18 eut lieu la prestation de serment, après laquelle chaque ordre se réunit isolément pour vérifier les pouvoirs des électeurs, procéder à la rédaction de son cahier, et enfin nommer les députés aux États Généraux.

Commencée le 18 mars, l'assemblée des représentants des communes se termina dès le 21. Ces séances eurent lieu dans la grande salle de l'Hôtel de Ville, sous la présidence de

(1) Le lieutenant général Guitau mandait à Barentin (lettre du 14 mars), au sujet des assemblées des 6 et 12 mars : « Tout s'est passé avec la plus « grande tranquillité, et tous ont paru on ne peut plus disposés à remplir « les favorables intentions de Sa Majesté. » — *Arch. Nat.*, B III, 7.

Marie-Joseph Milscent (1), lieutenant particulier, et en présence du procureur du roi. Les cinq cahiers déposés sur le bureau furent réunis en un seul, dit cahier du tiers état d'Anjou, puis on procéda en toute hâte à l'élection des députés.

Sur les huit députés élus, un appartenait à la sénéchaussée de Château-Gontier, *Louis-François Allard, docteur en médecine à Château-Gontier*.

Avant de se séparer, l'assemblée du tiers établit un bureau de correspondance avec des représentants dans chacune des sénéchaussées, à l'effet de communiquer par écrit avec les députés. Pour la sénéchaussée de Château-Gontier, on choisit le sieur Sourdille de la Valette, avocat du roi à Château-Gontier (2).

(1) Il était frère du curé de la Flèche.

(2) Le 1er avril 1789, le lieutenant général Guitau mandait au garde des sceaux « Vous me demandez la liste des paroisses et des feux dans la « sénéchaussée. Mais les unes dépendent de nous pour une partie, et d'un « autre siège pour une autre partie. C'est un travail impossible. La séné- « chaussée et le siège présidial de Château-Gontier n'ont été formés par « édit de 1639 que par féodalité de baronnies, de châtellenies et de juridic- « tions, et non par paroisses et arrondissement, comme il serait tant à dési- « rer ; et comme presque toujours dans la même paroisse il y a plusieurs « féodalités indépendantes, cela fait que bien peu nous appartiennent à « l'entier, et qu'une même paroisse relève souvent de deux ou trois bailliages « différents. » — Barentin insiste, dans une nouvelle lettre du 9 avril, pour que Guitau lui envoie l'état complet des feux de la sénéchaussée ; quand il sera embarrassé, il devra s'adresser aux curés et aux syndics. — La liste demandée fut envoyée le 21 avril. — *Arch. Nat.*, B III, 7.

Laval. — Imprimerie A. Goupil.

120

www.ingramcontent.com/pod-product-compliance
Lightning Source LLC
Chambersburg PA
CBHW060051090726
47597CB00012B/3585